DISCOVRS
D'VN MEVRTRE AD-
VENV EN VN CHASTEAV

appellé Grignon, aupres
de sainct Malo de l'Isle,
en Bretagne.

*** * ***

A PARIS,

Suyuant la coppie imprimée à sainct
Malo de l'Isle, en Bretagne.

1611.

DISCOVRS D'VN MEVRtre & massacre aduenu en vn Chasteau appellé Grignon, aupres de S. Malo de l'Isle, en Bretagne.

'A P O S T R E sainct Paul recognoissant les pieges & embusches que le Prince des tenebres & de diuorse, dresse ordinairement à l'humaine nature, afin de la surprendre & circonuenir, nous inuite & exhorte à veiller & prier Dieu: comme estans deux remedes singuliers pour s'exposer à ce grand ennemy du salut & repos des hommes. Ce grand ennemy de paix, autheur & trompette de tout diuorce, Helas! depuis quelques iours souffla & mit vn si estrange discord entre deux conjoincts par mariage, qu'il ne cessa iamais continuans ses embusches pernicieuses, qu'il n'eust exterminé l'vn de ces deux mariez, & mis l'autre en fuite & piteux desordre, comme vous pourrez apprendre par le discours suyuant.

AV val Sainct Augustin, proche la ville de sainct Malo de l'Isle, est vn Cha-steau vulgairement appellé le Chasteau de Grignon, auquel faisoient leur residéce or-dinaire, vn nommé Claude Brisart, natif dudit lieu, & Anne Guy sa femme, de la ville de Line, lesquels ainsi conjoincts par mariage, auoient de grands moyens, les ayant acquis par leur bon mesnage & espar-gne qu'ils auoiént par ensemble, viuans en bonne paix; & iusques à ce que le malin es-prit souffla le diuorçe entre ces deux persó-nages, & par le moyen duquel la femme du-dudict Brisart son propre mary, prit quel-que ombrage de luy: non sans plusieurs riottes dont elle desseruoit sondit mary, or-dinairement: de maniere que ce diuorce dura si long temps, qu'en fin elle fit assigner son mary, afin d'estre separée de luy, non seu-lement de biens, mais aussi de corps: alle-guant à cest effect les moyens pour paruenir à l'vne & l'autre de ses fins, si que tellement & si longuemét leur procez leur dura, qu'en fin ils furent separez seulement de biens, ce que l'homme supportoit fort impatiemment, attendu les grands enfans & moyens qu'ils auoient, & ne cherchoit d'heure à autre, que de faire rompre & enfraindre leur separation : à l'effect dequoy il pourſuiuoit inceſſamment ſa femme, laquelle n'y vouloit onçques entendre.

Or le mary cognoiſſant ſa femme eſtre capricieuſe & obſtinée en ſes refus, changea ſa patience en fureur, & ſa douceur en vne extreme & amere rigueur, vn deſdain côtre ſa femme le ſuprint, auec vne mauuaiſe volonté de luy mesfaire, à la ſuaſion du malin eſprit, qui le pouſſoit & preſſoit inſtamment à l'execution de ſon execrable fureur. Pour le premier coup d'eſſay, il comméça à battre ſa femme à grands coups de poing, & auec vne ſeuere rigueur, & ſi extreme, que tous leurs domeſtiques la tenoiét côme pour morte. Apres ce cruel excez, & non contant de ce, luy donna pluſieurs coups d'eſpée, dont ſa perſonne fut grandement outragée, & ſur ce jettee aux foſſez par ſon mary, depuis n'ayant receu aucun coup qui fuſt mortel, elle ſe retira doucement ſur le ſoir en la maiſon d'vn de leurs mettayers : & voyant ſon mary qu'elle n'eſtoit morte ſe

tranſpotta en perſonne audit logis, d'où il a-
mena ſa femme auec les plus douces paroles
du monde, luy diſant par le chemin viuons
en paix, nous auons aſſez de moyens pour
viure, Dieu mercy, ne parlons plus de ſe-
paration. Sa féme eſtant preſque deſeſperée,
& cóme eſtant quaſi à demy-morte, ne vou-
lant aucunement condeſcendre aux perſua-
ſions de ſon mary, ſans luy dire autres raiſós
ny moyés, ſinon qu'elle ne s'accorderoit iamais à ceſte acte, cóme luy eſtant prejudici-
able: ſon mary entra en plus grande colere
& fureur qu'il ne fit oncques, & la voyant ſi
obſtinée & arreſtée en ſon opinion, empoi-
gna ſa femme auec vne telle rudeſſe & vio-
lence ſi grande, qu'il la ietta par terre, & en
ce point luy couppa la gorge, & non cótent
de ce, met ſó corps en quatre quartiers, puis
en pluſieurs pieces, & en preſenta aux chiés,
qui n'y voulurent toucher, penſát ledit Briſart l'enſeuelir dans les entrailles de ſes chiés
à la mode des Bractiés cruels & inhumains.

Ledit Briſart perſiſtát en ſa rage & fureur,
fit & amaſſa vn gros tas de bois en la cheminée de leur chábre ordinaire, de la hauteur
de 4. ou 5. pieds par dedás, lequel bois il mit
& meſla les quartiers & pieces du corps, &

A iij

ce faict y mit le feu, afin de les confõmer en cendre, ce qu'il ne peut faire du tout, d'autãt que le iour paſſant, leurs gẽs & autres qui eſtoient allez en la moiſſon pour eux, ſuruindrent & arriuerent, ce que voyant ledit Briſart ferma la porte du Chaſteau, & leur parlãt par vne feneſtre, dit en ces mots. Retirez voꝰ pour ce ſoir où vous pourrez, & retournerez demain de grand matin, & vous trouuerez tout ouuert ceãs, & ſerez les maiſtres. Sur ce il s'en retourna én ſa chãbre, & cependant que le feu cõſõmoit ce pauure corps, il rompit & mit en pieces vne partie de leur meubles, & des plus precieux, & bruſla l'autre partie. Il ouurit & viſita tous les coffres & buffets, eſtudes, cabinets, & autres lieux du Chaſteau, prend tout l'argent, bagues & joyaux de ſa féme. Enuirõ l'heure de minuit on le vid monter à cheual, s'en aller & ſortir dudict lieu, & val de S. Auguſtin, à laquelle ſortie aucũ n'oſa s'opoſer, d'autant qu'il cõmandoit audit lieu : tãt pour ſes grãds moyés que pour ſa valeur, eſtant ledit Briſart hõme vaillant, & qui à touſiours ſuiuy le Vicõte de Rerhenes, durãt les troubles paſſez. L'on n'à encores peu apprédre ni ſçauoir quelle part il a paſſé depuis ces abominables cruautez.

Or le matin estant arriué, ses gens se preſe-
terent à la porte du Chaſteau, ſe doutans de
quelque deſaſtre, & s'approchāt cóme bien
eſtonnez en grandiſſime doute, trouuerent
la porte ouuerte, entrerent auec grande tre-
meur, & eſtans paruenus iuſques en la chā-
bre, trouuerent vn merueilleux braſier en la
cheminée d'icelle, dōt ils furent grandemēt
eſtonnez : encore plus quand l'vn d'iceux
aduiſa vn pied & vne cuiſſe à demy bruſlée,
& l'autre vne partie d'vn bras, & au milieu
du feu comme vne boule, iettant encore vne
fumée craſſeuſe & puante, qui eſtoit la teſte
à demy bruſlée, de ladicte femme, aduiſent
leſdites gens encore de plus, que tout y e-
ſtoit ouuert, & les clefs pendantes aux coffres, buffets, & autres vſtencilles de la maſō.
O ſpectacle piteux! & bien digne de grande
commiſeration & pitié! Dieu ſçait les cris &
gemiſſemens qu'en firent lors les domeſtiques, & autres du lieu, que l'on appella depuis à ce ſpectrcle, toute la communcauté
de ce val en fut ſi eſmeuë, qu'il ne fut oncques en eux d'aller pour ce iour en leurs ou-
urages encores bien que la moiſſon les preſ-
ſaſt grandement, reputant ce deſaſtre ainſi
aduenu à quelque deffortune à venir, & com-

me de verité tels accidens & meurtres fi e-
ftranges ne peuuent eftre qu'vn prefage de
quelque malheur. Quelque temps auparau-
uant la deftructió du païs & ville de Troyes
la grande, hors & dedans icelle ville fe com-
mettoient plufieurs meurtres execrables &
extraordinaires, ce que les Troyens & tous
leurs fubjects ont depuis recogneu & pris
pour certains aduertiffemens de leur ruine
& defolation, en laquelle ils furent tous re-
duits, par la volonté & permiffion diuine.
Ne faut donc pas que l'homme Chreftien
ferme les yeux, ny qui face la fourde oreille
aux prefages & auant-coureurs de ce qu'il
leur doit arriuer:ains il doibt s'humilier, &
par penitéce & contrition de fes fautes, cou-
rir deuát de la iuftice de Dieu, qui téd les
bras ouuerts à tous ceux qui s'humilient de-
uant fa diuine Majefté, fuyuant le bien dire
du Sieur de Pybrac,côtenu en ces Quatrains
duquel ie finiray ces lamentables Difcours
des chofes fufdites & aduenuës,il dit donc,

Ayde toy plus que des autres honte,
Nul plus que toy par cela n'eft offencé:
Tu dois premier fi bien as penfé
Rendre de toy, a toy-mefme le conte.

F I N.

www.ingramcontent.com/pod-product-compliance
Lightning Source LLC
LaVergne TN
LVHW021626170726
843501LV00010B/4174